HAMBOURG

ET LE

MARÉCHAL DAVOUST.

HAMBOURG

ET LE

MARÉCHAL DAVOUST.

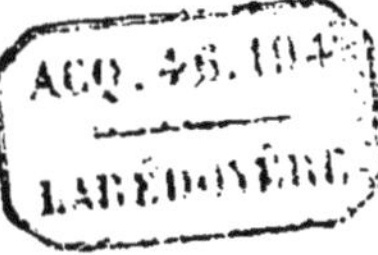

APPEL A LA JUSTICE.

Par Th. DE HAUPT, ancien Officier anglais.

Sine irâ et studio.

A PARIS,

CHEZ LES MARCHANDS DE NOUVEAUTÉS.

Mai 1814.

HAMBOURG

ET LE

MARÉCHAL DAVOUST.

APPEL A LA JUSTICE.

LE trône antique de St. Louis avait été renversé par la révolution; le sang de Louis le Bien-Aimé et de Marie-Antoinette avait été répandu par le peuple le plus aimable et le plus doux. *Du tombeau de la monarchie était sorti un spectre informe, hideux, plus effrayant que tous ceux qui ont jamais épouvanté l'imagination.* (1). Ce même peuple qui avait détruit jusqu'aux statues et jusqu'aux bustes du bon Henri, exilant ses

---

(1) Expression de Burke.

fils, se soumit à un étranger. Les lis des Capets furent en proie à des abeilles, qui en puisèrent le doux nectar, et, au lieu d'en nourrir un peuple égaré, ne firent que le blesser.

Sur les sanglans débris du trône légitime s'éleva un trône impérial : le glaive du guerrier ambitieux devint un sceptre de fer, qui étouffait le dernier germe de la liberté et du bonheur national. Le sol classique de l'Italie, la pieuse Espagne, le berceau de Guillaume Tell, la création de Fréderic-le-Grand et la Russie furent le théâtre d'une série de guerres d'extermination. L'Europe entière était ravagée, du Borysthène à la Méditerranée, et des colonnes d'Hercule au Danube.

Parmi les victimes d'une insatiable ambition, les villes anséatiques, et notamment Hambourg, furent au nombre des plus déplorables. Ces illustres monumens de la plus antique et de la plus puissante réunion de commerce, ces républiques dont les flottes nombreuses couvraient les mers, et dont les pavillons furent couronnés par la victoire, se virent privées à-la-fois de leur indépendance, de leur constitution, de leur commerce et de tous les biens qui embellissent la vie et la remplissent de charmes. Les fleuves majestueux, jadis sillonnés par les navives de toutes les nations, tout d'un coup abandonnés par suite d'un système insensé, baignèrent tristement ces villes reines du commerce ; ils semblaient regretter par un murmure plaintif ces vaisseaux si fiers de l'honneur de leurs pavillons, ces colosses mouvans qui voguaient en triomphe sur leurs ondes, et qui amenaient les richesses des deux mondes à ces ports où depuis de longues années ils dépérissent.

La réunion des villes anséatiques à l'empire français acheva la destruction du commerce, dont la stagnation prolongée avait déjà épuisé les fortunes de la plupart des commerçans, et réduit même celles des maisons les plus riches et les plus florissantes à une aisance médiocre. Des droits d'entrée excessifs, portés au double et au triple, des saisies illégales et arbitraires auxquelles on procédait de la manière la plus révoltante sur des marchandises déjà rachetées par quinze millions de francs, et la destruction des marchandises de fabrique anglaise, ordonnée par le gouvernement, en fallait-il davantage pour achever la ruine d'une ville dont le commerce faisait l'unique ressource ? L'on vit éclater des faillites sans nombre : les maisons les plus solides, connues généralement par la sagesse de leurs spéculations et la probité la plus rigoureuse, finirent par succomber. Leur catastrophe rendit misérable une foule d'ouvriers auxquels ils avaient fourni les moyens de se nourrir, ainsi que leurs familles, par leur travail et leur industrie. Bientôt les faibles épargnes de cette classe laborieuse, fruits d'une époque plus florissante, furent épuisées ; la contrebande fut leur dernière ressource. Des milliers de ces malheureux hasardaient leur vie pour empêcher leurs familles de mourir de faim et de misère. Il fallait naturellement punir cette audace, qui fit mépriser la mort aux pères pour en garantir leurs femmes et leurs enfans. Des cours prévôtales trempèrent leurs plumes dans le sang des coupables, pour signer dans leurs séances des arrêts conformes aux lois de leur souverain : la marque, les travaux forcés et la guillotine furent le partage des malheureux, qui aimaient mieux subir ces peines que rester sourds aux cris de leurs familles qui leur demandaient du pain. Le nouveau Titus eut l'humanité de débarrasser ces pères trop tendres du soin de leurs enfans ; il les rangea sous les drapeaux de la tyrannie, et les fit marcher contre leurs compatriotes qui s'approchaient pour mettre un terme à leurs souffrances.

La ville de Hambourg n'était pas tout-à-fait étrangère à la France. Cette ville a montré dans tous les temps une prédilection très-marquée pour la nation française : dans les funestes époques de la révolution et du terrorisme, elle devint l'asile non-seulement d'un grand nombre de personnages distingués par leur rang, et que leur ingrate patrie repoussait, mais aussi celui d'une foule de malheureux Français des classes moyennes et inférieures, qui y furent accueillis à bras ouverts, et qui par leur industrie et leur travail réussirent bientôt à se faire une fortune considérable : la nombreuse classe des restaurateurs, des teneurs de salons et de pavillons, des bijoutiers, quincailliers et modistes, n'était composée que de ces émigrés, auxquels on avait accordé des avantages et des priviléges très-importans.

La période qui s'écoula depuis la réunion des départemens anséatiques à l'empire français, le 18 décembre 1810, jusqu'à l'introduction de la constitution et des lois de cet empire, le 20 août 1811 , fut celle où le prince d'Eckmühl accablait les habitans de Hambourg de vexations, et leur faisait éprouver des souffrances qui , malgré leur poids, n'étaient cependant qu'une faible esquisse de celles auxquelles cette ville désolée est en proie depuis la rentrée de ce prince dans ses murs.

A peine Davoust fut-il entré dans cette ville avec la haute police , dont le chef d'Aubignosc était son digne aide , qu'on les vit annoncer par leurs actions l'esprit dont ils étaient animés. La haute police , organe des projets bienfaisans et vraiment paternels du prince , fut organisée. L'on établit d'abord une bande nombreuse d'espions choisis dans un tas de personnages méprisables qui font rougir ta ville où ils ont reçu le jour ; ce rebut de la population fut ce que l'on jugea convenir le mieux à l'institution. Parmi les commissaires de police il se trouva quelques hommes pleins de zèle et de probité ; l'on se hâta de réparer la faute que l'on avait commise en les employant ; on les éloigna de ces fonctions , ou bien on les engagea par des intrigues à renoncer spontanément à une tâche dont ils n'avaient pas connu tout ce qu'elle devait avoir d'odieux par sa dépendance des intentions de leur chef. Les autres, nommément les trop fameux Gay et Nohr, méritant d'occuper leurs places, un inspecteur digne de gouverner de pareils fonctionnaires, et un chef qui l'emportait sur les autres, composaient la formidable hiérarchie qui se préparait à travailler par système à la ruine d'une ville déjà malheureuse.

Bientôt ce monstrueux assemblage commença ses opérations et déploya son activité et ses talens dans tous les genres. Les espions fourmillaient aux grands et aux petits théâtres, aux bals parés, aux guinguettes, aux cafés, dans les salons, les pavillons, les promenades et les parties de campagne : les réunions des premières classes même et les cercles de famille n'étaient pas à l'abri de ces redoutables émissaires, qui, sous des masques de toute espèce, épiaient les discours, l'air, et même les soupirs, qui échappaient en secret au cœur du malheureux accablé sous le poids de ses souffrances : l'étranger était sûr de trouver un espion dans son domestique de place, et l'homme bienfaisant, dans le mendiant auquel il prodiguait ses secours. Bientôt une réserve craintive, une timide circonspection même entre amis et parens, et une frayeur sourde remplacèrent dans les réunions publiques et particulières les restes de cette gaieté et de cette aimable franchise que les Hambourgeois avaient encore conservés dans les circonstances les plus rigoureuses ; les épanchemens du cœur, les accens de l'alégressse et les regrets étaient étouffés par la crainte, au moment où les cœurs allaient oublier les fardeaux qui les accablaient, et la tyrannie qui leur interdisait même la plainte. La douleur et les souffrances du malheureux habitant étaient d'autant plus vivement senties, qu'on lui refusait la consolation de faire partager ses sensations aux compagnons de son malheur. Des actes épouvantables d'un pouvoir arbitraire, qui faisaient frémir d'indignation et d'horreur, achevèrent d'enchaîner les langues : ces actes étouffaient le soupir en sa naissance, et apprenaient aux yeux à feindre l'alégresse, tandis que le cœur était déchiré.

La manière douce et paternelle avec laquelle les Hambourgeois avaient été traités avant cette époque funeste par M. Bourrienne, ministre plénipotentiaire de France, avait en quelque sorte cicatrisé les plaies profondes qui avaient été portées au commerce par les lois rigoureuses d'un souverain , ennemi déclaré de cette branche d'industrie si intéressante , si précieuse , dont Hambourg était le foyer européen. M. Bourrienne , par des procédés dignes de la justice et des sentimens d'humanité et de bienfaisance qui le caractérisaient, s'était attaché à concilier , autant que possible, les intérêts trop lésés des négocians avec la rigueur des ordres de son gouvernement. Déjà ces derniers s'étaient accoutumés à remplir les formalités minutieuses qui leur étaient prescrites , et même à acquitter sans murmure les droits souvent excessifs du tarif français. L'on peut même ajouter que si la ruine de Hambourg a été retardée de plusieurs années, ce n'est qu'à la sollicitude toute paternelle de cet administrateur, aussi éclairé qu'intègre et désintéressé , qu'on en est redevable.

Le système qui succéda avec le gouvernement de Davoust à cette administration bienfaisante porta la terreur dans l'ame des Hambourgeois, et fit naître leurs justes plaintes. Le gouverneur général et son *factotum* d'Aubignosc , jaloux des regrets que tout le monde portait hautement au souvenir de celui dont la gestion mise en parallèle avec la leur formait le contraste le plus frappant... le prince d'Eckmühl et d'Aubignosc, dis-je, au lieu de puiser dans *la voix du peuple* une leçon salutaire qui les engageât à changer de conduite et à suivre le chemin que leur prédécesseur leur avait si dignement tracé, imaginèrent qu'en persécutant M. Bourrienne, ils parviendraient à se mettre à l'abri de l'odieux et du blâme qui déjà les entouraient. Des dénonciations réitérées peignirent le respectable ministre *comme ayant agi* (ce qui était condamnable alors) *dans un sens opposé aux intentions de Buonaparte*, et on alla jusqu'à supposer des vues d'intérêt personnel à ses actions et même à ses bienfaits.

Cinq ou six habitans de Hambourg, qui avaient eu des relations avec l'ex-ministre de France, furent tout-à-coup arrêtés et transférés au secret, dans les différentes prisons de la ville. Leurs papiers, mis d'abord sous le scellé de la haute police, furent examinés ; on en vint ensuite à des enquêtes, ou pour mieux dire à des interrogatoires où l'on employa les menaces les plus révoltantes, et même de mauvais traitemens, pour *forcer* les personnes arrêtées *à déposer* contre M. Bourrienne sur des faits dont aucun d'eux, dont personne n'avait la moindre connaissance.

Cette torture d'une espèce nouvelle ne produisit aucune charge contre M. Bourrienne. Déçus de leurs espérances, ses persécuteurs mirent le comble à leur vindication, en prolongeant encore pendant plusieurs mois l'arrestation aussi arbitraire que révoltante dont ils avaient frappé d'innocens témoins.

Mais ceci n'était qu'un faible commencement des malheurs qui devaient peser sur Hambourg ; il ne fallait dans cette fatale époque qu'un mot imprudent et un sourire, ou même la simple rancune d'un agent de police, pour arracher le père du sein de sa famille, l'époux à son épouse, et le fils des bras d'une tendre mère, pour les ensevelir vivans et les faire mourir d'ination et de misère dans des cachots horribles. On ne citera que quelques exemples parmi le grand nombre de ceux qui se présentent à ma mémoire ; les faits sont authentiques et tirés des papiers des infortunés mêmes que Davoust a immolés.

M. Baumhauer possédait, avec quelques faiblesses, un cœur excellent et un esprit saillant. Formé par la lecture des auteurs classiques, anciens et modernes, il était un avocat très-instruit, et d'une probité scrupuleuse : malheureusement son penchant à la

satyre l'entraînait quelquefois à des impru-
dences, et lui faisait lancer de petits traits
d'épigrammes qui lui excitaient de puissans
ennemis.

M. Baumhauer avait, après la réunion des
départemens anséatiques, demandé une place
de juge-de-paix à Hambourg : en attendant
sa nomination , il exerçait la profession
d'avocat près la cour impériale séante en
cette ville. La prudence et le désir de voir
réussir sa demande lui imposaient de la réserve
et beaucoup de précaution dans ses discours,
sur-tout dans les lieux publics. Mais son
cœur rempli de patriotisme souffrait trop ; il
se souleva avec impétuosité contre l'humi-
liation et les malheurs de sa patrie ; il fut
souvent sur le point d'éclater ; il sut cependant
se contenir long-temps. Un moment d'épan-
chement lui arracha quelques propos un peu
indiscrets sur la haute police : un misérable ,
le nommé Courlænder, chef des espions de
la police, qu'il crut son ami, le trahit et le
précipita dans le gouffre qui engloutit ses
espérances, sa vie et le bonheur de sa famille.

Le lendemain, M. Baumhauer était auprès
de sa vieille mère, qui soulageait dans le sein
de sa famille son cœur accablé par des souffrances

frances de tout genre ; elle pleurait dans les bras d'un fils qu'elle chérissait plus que sa vie, lorsqu'un commissaire de police vint arracher cet infortuné pour assister à l'apposition des scellés, que l'on avait déjà, *en son absence,* commencé à mettre sur ses papiers. L'esprit agité par de funestes pressentimens, il quitta sa mère qui fondait en pleurs : arrivé dans sa demeure, il y trouva un autre commissaire, occupé de fouiller dans ses effets et ses papiers.

Quoique l'on ne trouvât chez lui rien qui pût justifier une procédure aussi arbitraire, hormis quelques caricatures anglaises, et les brouillons de quelques épigrammes pleines de sel contre les suppôts de la haute police, cependant M. Baumhauer fut arrêté et transporté à la prison du Winserbaum, où il fut détenu plusieurs semaines au secret, souffrant d'une maladie que l'air du cachot devait empirer, et privé de toute consolation ; ses instances réitérées ne lui purent seulement obtenir la faveur d'être interrogé pour prouver son innocence.

Les sollicitations de ses nombreux amis, et les murmures que cette détention d'un jurisconsulte recommandable excitait dans toute la ville, lui firent obtenir d'être interrogé

B

plusieurs fois ; son innocence ayant été prouvée, il devait espérer sa mise en liberté. Au contraire, le prince d'Eckmühl ordonna de transporter sa victime à la forteresse de Magdebourg.

On ne lui accorda qu'une heure de temps pour régler ses affaires et pour se procurer une petite somme qu'il devait prodiguer aux gendarmes, pour obtenir la faveur de se servir d'une voiture, et de ne pas être entraîné comme un criminel entre leurs chevaux : on lui refusa même de faire ses derniers adieux à une mère et à une sœur désolées.

Pendant que M. Baumhauer, souffrant d'une maladie pulmonique, et dévoré par le chagrin et le désespoir, s'approchait du comble de la misère, son escorte faisait bonne chère à ses dépens, et dilapidait ainsi la petite somme destinée à procurer quelques soulagemens au pauvre prisonnier.

A son arrivée à Magdebourg, on lui fit déposer le reste de son argent chez le commandant de la forteresse, pour couvrir ses premiers besoins. Il fut enfermé dans un caveau horrible, situé dans les casemates, et dont les murs humides exhalaient des vapeurs méphitiques, source d'une mort lente et terrible, que l'état de maladie du prisonnier devait encore accélérer.

Séparé de tout ce qui lui était cher au monde, et souvent privé des premiers besoins de la vie, M. Baumhauer gémit six semaines dans cet horrible cachot : l'atmosphère empoisonnée qui l'environnait absorba le reste de ses forces, et les souffrances de son ame achevèrent enfin la destruction d'un innocent qui n'avait rien fait pour mériter des traitemens si barbares.

On refusa même au prisonnier la consolation de tracer par écrit les sentimens qu'il éprouvait, et ses justes plaintes. Peut-on plus cruellement tourmenter un homme de lettres, qui sent le besoin d'épancher les affections de son ame, et qui veut, par des occupations littéraires, tâcher d'oublier ses malheurs ? Cependant il se servit d'une épingle pour tracer de temps en temps sur ses tablettes quelques mots qui peignaient sa situation physique et morale. Qu'il est touchant de voir figurer dans ces esquisses un arc-en-ciel et une colombe blanche, qui semblaient annoncer au pauvre prisonnier sa délivrance ; de le voir célébrer la fête de sa mère par le plaisir *de changer de linge*, et par une prière ardente adressée au ciel pour qu'il lui fasse oublier les malheurs de son fils !

Les médecins ayant enfin décidé qu'une plus longue détention dans un lieu aussi malsain conduirait infailliblement le prisonnier à une mort subite, l'on se vit forcé à regret de le faire transporter de sa prison dans une auberge de la ville, où on lui permit de vivre, sous surveillance, aux dépens de ses amis. Cette action d'humanité fut en quelque sorte inutile. Le germe de mort apporté par M. Baumhauer, et nourri par une affreuse prison, ne lui permit pas de jouir long-temps de son changement, de son élargissement, et de sa nomination à une place de juge-de-paix ; son innocence avait enfin, mais trop tard, été reconnue du gouvernement même, dont le représentant avait si injustement privé M. Baumhauer de sa liberté, et l'avait dévoué à une mort prématurée.

Passons à un second exemple tiré de même de la première époque du terrible empire du prince d'Eckmühl sur la malheureuse ville qu'il est enfin parvenu à écraser entièrement.

Cinq capitaines de vaisseau brémois nommés Krumme, Hartz, Otte, Kindt et Geyer, avaient, par la longue stagnation du commerce, été réduits, avec leurs familles, au comble du malheur; ils virent s'approcher à grands pas le moment qui les condamnait à la mendicité. Pressés par le besoin, le cœur déchiré par les larmes de leurs épouses et les cris de leurs enfans en bas âge, qui leur demandaient du pain, ces cinq marins se déterminèrent à une entreprise dont ils connaissaient tous les dangers : ils entreprirent un voyage à Helgoland, exposant leurs jours à la fureur des flots en faisant ce voyage dans une barque fragile, et à celle de Davoust à leur retour. Après avoir essuyé une tempête terrible, ils arrivent à Helgoland ; ils font le recouvrement de quelques fonds qu'on leur doit, et emploient ce reste de leur fortune à l'achat de denrées coloniales et d'autres productions étrangères. Pénétrés du doux sentiment d'apporter à leurs familles des secours qu'ils avaient achetés aux risques de leur vie, ils arrivent à l'embouchure du Weser. Au moment de leur entrée dans le fleuve, ils sont découverts par une chaloupe française armée. Ils attendent tranquillement la chaloupe qui les approche : les capitaines tâchent de prendre des arrangemens avec le commandant de la chaloupe; la différence des langues échauffe les partis ; un des capitaines, ayant lâché un propos inconsidéré, est tué d'un coup de pistolet ; deux autres sont blessés et assommés. Après les avoir traînés de prison en prison, on n'attendit pas même que leurs blessures fussent guéries pour les traduire, en vertu des ordres du prince, devant une commission militaire qu'il avait établie à Ritzebüttel, pour juger les crimes de contrebande et de communications avec l'Angleterre. Son Altesse avait donné à cette commission les ordres les plus précis. La mort, telle était la volonté du prince ; il lui fallait un exemple, peu importait qu'il s'agît d'un innocent ou d'un coupable, il suffisait d'être accusé.

Grâces soient rendues au digne président de la commission. L'anglais Blackwell opposa à la volonté arbitraire et aux ordres sanguinaires du prince une fermeté qui l'honorera à jamais : il ne craignit pas, dans le sanctuaire de la justice, s'exposer par la plus rigoureuse impartialité à toute la colère de Davoust : son exemple trouva de dignes imitateurs dans les juges. La commission se déclara incompétente, attendu que l'importation de contrebande, dont les capitaines étaient accusés,

avait eu lieu avant l'installation de la commission et la promulgation des peines dont ce
crime devait être puni, et parce qu'en consé-
quence cette disposition ne pouvait avoir un
effet rétroactif. La vie des capitaines fut
sauvée ; le prince accabla le généreux Blackwell
de reproches, et lui fit sentir toute sa fureur,
pour lui avoir soustrait des victimes.

Cependant la vie des malheureux capitaines
était seule sauvée : après une détention de
plus de neuf mois dans les plus affreuses prisons, ils furent acquittés par la cour prévôtale
de Hambourg de la peine afflictive , mais
condamnés dans le fait à la mendicité par
la confiscation des marchandises et l'amende
de la triple valeur. Cependant le beau-père
d'un des capitaines avait sauvé, près du cap
de Bonne-Espérance , au risque de sa vie,
soixante matelots français qui se trouvaient à
bord de la frégate échouée *la Rose !!*

Les annales de cette époque de la malheureuse ville de Hambourg fourmillent de ces
exemples ; il serait difficile de choisir entre
les victimes de son régime arbitraire. Rappe-
lant les temps du terrorisme, il suffisait alors
de lui avoir déplu, ou d'avoir un ennemi
accrédité près de la haute police et de ses

suppôts, pour être enlevé pendant la nuit de son lit, et pour gémir pendant plusieurs mois dans les cachots, sans être interrogé, et sans même connaître les motifs de la détention. L'affaire du sieur Schræder, un des premiers négocians de Hambourg, du sieur Buchholtz, sur-tout la fameuse affaire des soies des sieurs Schulte et Schemann, et tant d'autres de ce genre, rempliraient des volumes dignes de former un appendix à l'histoire de Napoléon.

Les habitans de Hambourg supportaient avec la plus noble résignation la destruction de leur commerce, leurs privations et leurs souffrances; ils furent bons sujets même envers leurs oppresseurs; obéissant à des lois dures et accablantes, ils espéraient de voir enfin arriver le terme de cette désolante époque. Ce beau moment approchait à grands pas : Napoléon avait déjà succombé à la vengeance divine dans les contrées glaciales de la Russie; pour la seconde fois il avait abandonné par une fuite ignominieuse son armée dénuée de tout et en proie aux rigueurs des climats. Cependant il n'était pas encore temps; le Hambourgeois, contenant à peine son alé-gresse et les élans de patriotisme dont il se sentait agité, continua cependant à obéir à des lois dures et injustes, et à souffrir les plus cruelles vexations. Ce fut le 24 février de l'année passée (1813) où le noble caractère des Hambourgeois se déploya avec un éclat qui les montra dignes de leurs illustres ancêtres et de la plus brillante époque de l'histoire des villes anséatiques.

Le peuple était exaspéré au dernier degré par la manière odieuse et outrageante dont les préposés des douanes exerçaient leurs fonctions aux portes de Hambourg, en se permettant de fouiller les femmes des bourgeois; la populace et la nombreuse classe des malheureux contrebandiers, irrités par la dureté et les mauvais traitemens que les douaniers mettaient à l'exercice de leurs fonctions, et portés au désespoir par l'excès de la misère, se révoltèrent enfin à l'occasion d'un vieillard blessé, sans la moindre raison, d'un coup de sabre, par un douanier. Cette émeute, qui avait commencé aux bureaux de visite de la porte d'Altona, gagna bientôt tous les quartiers de la ville, et devint générale parmi la classe du peuple qui en était l'auteur. Tous les bureaux de visite défendus par les préposés, après avoir été emportés d'assaut, furent détruits avec une rapidité étonnante : les aigles

impériaux et tous les emblêmes du gouvernement furent brisés ou enlevés; beaucoup de
gendarmes et de préposés trouvèrent une
mort cruelle entre les mains d'une populace
altérée de leur sang; plusieurs agens de police
furent blessés ou maltraités; la maison du
nommé Nohr, qui s'était sur-tout attiré la
haine générale par les vexations les plus
odieuses, fut dépouillée et détruite de fond
en comble; enfin, toute la ville était le théâtre
des scènes terribles d'une émeute populaire.
Mais examinons les élémens de cette révolte,
voyons quelles étaient les classes du peuple
qui y participaient. Des hommes nés dans la
misère et démoralisés par le métier de contre-
bandier, auquel leurs parens les avaient accoutumés dès leur enfance, des poissardes, des
mendians, des crocheteurs, et enfin tout ce
ramas de prolétaires et de mauvais sujets qui
infectent toutes les grandes villes, et dont le
nombre s'était accru à Hambourg en même
temps que la misère : aucun bourgeois, aucun
homme recommandable dans telle classe que
ce fût ne prît part à un mouvement séditieux
et prématuré, qui ne pouvait avoir que des
suites fâcheuses pour la ville, puisque le vrai
moment de la délivrance n'était pas encore

arrivé ; l'on vit même beaucoup de citoyens offrir un asile à des hommes qui les avaient maltraités, et les dérober, à leurs propres risques, à la fureur de la populace.

Les bourgeois prirent les armes pour garantir leurs propriétés de la rage des séditieux, qui commençaient à menacer leurs concitoyens d'incendie et de pillage : d'anciens membres du sénat, des avocats, des médecins, des négocians, enfin les premières classes de la population, montaient tous la garde : aidés de quelques centaines de militaires danois qu'on avait démandés à Altona, ils parvinrent à rétablir bientôt l'ordre et la paix. Mais quelle fut leur récompense ? Sept bourgeois entièrement innocens furent traduits devant une commission militaire ; on n'écouta que des témoins que la peur avait aveuglés, ou que la vengeance inspirait ; toute intercession fut rejetée ; ils furent condamnés à mort, et fusillés dans les vingt-quatre heures.

Dans cet acte d'injustice et de cruauté on avait très-bien compté sur le noble caractère des habitans de Hambourg ; des autorités, prêtes à quitter cette ville, ne craignaient pas leur ressentiment dans un moment où les libérateurs étaient déjà à quelques lieues. Aussi ils ne se trompèrent point dans leurs calculs : aucune autorité ne fut troublée dans les préparatifs de départ ou plutôt de fuite : malgré le désordre extrême qui régnait dans ce moment parmi les fonctionnaires publics, le peuple resta tranquille ; il les vit emporter dans des caisses publiques des sommes immenses, et, fidèle à ses devoirs de sujet et de citoyen, protégeait le départ de ceux dont l'éloignement le dégageait de ses devoirs envers un gouvernement qui l'avait tyrannisé. Pas un seul individu ne fut maltraité dans ce moment de crise ; les propriétés particulières et celles du gouvernement furent respectées : exemple touchant de modération, de probité et de vertus civiques !

Les Russes, sous les ordres du général de Tettenborn, entrèrent enfin dans la ville, qui avait attendu leur arrivée avec tant d'impatience. Ils furent accueillis comme des frères, comme des libérateurs long-temps désirés. Toutes les places publiques, les rues, les maisons jusqu'au comble, étaient remplies d'une foule immense qui faisait retentir les airs des cris de *huzzah* et de *vive Alexandre !* Partout on voyait flotter des drapeaux ornés des anciennes armes de Hambourg ; par-tout on

entendait des accens de joie et des cris d'alé-
gresse : tout ce peuple immense ne semblait
qu'une famille qui célébrait le retour de frères
chéris auxquels on s'empressait de donner des
preuves d'amour et de reconnaissance. Une
brillante illumination volontaire, qui eut lieu
pendant trois jours, et à laquelle le plus pauvre
employait jusqu'à son dernier sou, et des ré-
jouissances auxquelles la gaieté et la joie la
plus pure présidaient, célébrait cette fête unique et à jamais mémorable dans les annales
de Hambourg.

Le soir même de l'entrée des Russes, le général Tettenborn fit proclamer, au nom de
son souverain, la liberté et l'indépendance de
la ville : l'ancien sénat s'installa de nouveau,
et toutes les autres autorités qui avaient été
remplacées par celles du gouvernement français reprirent leurs fonctions. Une proclamation du général, adressée aux habitans, et par
laquelle il les sommait de prendre les armes
pour la cause de leur ville et la liberté de toute
l'Allemagne, fut accueillie avec un enthousiasme sans bornes. Le général, ayant annoncé l'organisation d'une légion anséatique,
avait à peine établi les bureaux d'inscription,
que l'on vit tous les jeunes gens depuis les pre-

mières familles jusqu'aux fils des ouvriers s'empresser en foule pour se décorer de la croix du nord, qui devait servir de devise à la légion. Les habitans des environs suivirent bientôt ce noble exemple : l'affluence était si grande et si impétueuse, qu'on était obligé de placer des gardes aux bureaux d'inscription pour maintenir l'ordre. La première ville de commerce de l'Allemagne, et peut-être de tout le continent européen, fut le théâtre où l'on vit se déployer toutes les vertus civiques ; elle devint le berceau et le point central de cet enenthousiasme qui saisit plus tard tous les peuples de l'Allemagne, et qui parvint enfin à détruire le trône du tyran de l'univers. C'est un peuple commerçant qui a donné le premier exemple ; c'est lui qui, par des sacrifices à jamais mémorables dans l'histoire de tous les siècles, a rouvert la carrière du patriotisme et de la gloire nationale à l'Allemagne. Le vieux père se dépouillant de son seul appui, la mère courbée sous le poids de l'âge et des infirmités, décoraient leurs fils de la cocarde de la légion ; ils les envoyaient, en les bénissant, combattre pour leurs foyers, leur indépendance et le repos de ceux qui leur avaient donné le jour. Le riche prodiguait ses trésors au jeune homme pauvre auquel le sort n'avait donné qu'un cœur noble, plein de courage et de patriotisme. L'homme aisé sacrifiait ses penchans, ses goûts de luxe, les servantes et les enfans leurs petites épargnes, les dames leurs atours, pour ne s'embellir que de la gloire de leur ville; le pauvre partageait ses aumônes pour enrichir la caisse d'équipement de la légion.

Mais, indépendamment de cette légion anséatique, il s'était formé une garde nationale sous les ordres de M. von Hess, composée de l'élite des habitans de Hambourg, qui, au bout de quelques semaines, parvint, par un zèle et une assiduité admirables, à un rare degré de perfection dans les manœuvres et les évolutions; ce qui la rendit propre au service actif et à la défense de la ville, à laquelle elle fut peu de temps après employée.

Comment tracer le tableau de ces élans de l'enthousiasme le plus noble, des sacrifices héroïques et de tous ces beaux traits dignes des plus illustres époques de Rome et de Sparte, qui resteront à jamais gravés dans les cœurs de tous les Allemands, et qui illustreront encore, dans les siècles, à venir une ville qui s'est immolée pour sa liberté et celle de l'Europe (1).

Le moment des épreuves approchait; déjà on s'était battu à quelques lieues de Hambourg; bientôt, après une longue et vigoureuse résistance, où la nouvelle légion et même des volontaires de la garde bourgeoise se couvrirent de gloire, les Français occupèrent la ville de Haarbourg, sur la rive gauche de l'Elbe, vis-à-vis de Hambourg, et quelques îles, principalement celle de Wilhelmsbourg, dont l'occupation exposait la ville à un bombardement. Trop faibles en nombre, et craignant à juste raison la perte de monde qu'une tentative de débarquement devait coûter, les généraux Vandamme et Eckmühl, commandant le corps de siége, se contentèrent de faire construire des batteries sur l'île de Wilhelmsbourg et d'autres îles adjacentes. Ils y firent transporter avec des efforts inouis des mortiers et des obusiers, pour se venger d'une ville qui avait osé témoigner son alégresse

____

(1) Hanfft, citoyen de Hambourg, employa plus des deux tiers de sa fortune (trente-sept mille francs) à l'organisation de quelques escadrons de cavalerie : il se mit à leur tête, et assista à toute la campagne comme leur chef.

de

de sa délivrance. Uniquement poussés par la vengeance, ils firent bombarder la malheureuse ville à différentes reprises, sans aucun autre but que celui de satisfaire cette passion.

L'approche du danger ne désarma point le courage des citoyens ; il l'enflamma davantage. Tout ce qui se sentait assez de force pour porter les armes se rangea sous les drapeaux : la liberté ou la mort, telle fut la devise générale. Les bouchers, les brasseurs, la nombreuse classe des raffineurs s'étaient armés de piques, de haches, de massues, de couteaux et de pierres ; les femmes et les enfans même se mêlaient à la foule qui se portait sur les remparts, remplissait les rues et bordait le rivage pour combattre l'ennemi s'il osait tenter une descente. Le prince d'Eckmühl, très-bien informé de ces dispositions du peuple, se gardait de tenter une entreprise qui lui aurait fait trouver une autre Saragosse à Hambourg : il jouissait du plaisir de brûler chaque nuit quelques édifices, et de tuer peut-être, par ses bombes, ministres de sa rancune, quelques vieillards et quelques enfans. Mais il était sûr d'atteindre bientôt son but par une autre voie : les négociations avec le Danemarck ayant enfin réussi, la malheureuse ville de Hambourg, immolée à une fausse politique, devint la proie de son plus cruel ennemi, qui avait eu tout le temps de méditer sur le raffinement exquis qu'il donnerait à sa vengeance.

Les communications fréquentes des autorités militaires et civiles d'Altona avec les généraux français, et les marches des troupes danoises, avaient annoncé déjà depuis plusieurs jours aux habitans de Hambourg le sort qui les attendait. Cependant ils ne pouvaient pas croire que le Danemarck serait capable de les trahir. Le détachement des troupes suédoises qui était envoyé au secours de la ville s'était éloigné, en vertu d'ordres supérieurs, avec autant de précipitation qu'il était arrivé. Quelques personnes présageait aussi le départ des troupes russes, qui formaient la garnison avec les troupes anséatiques et avec les gardes nationales. L'on restait cependant tranquille, et on se reposait sur le Danemarck, parce qu'on supposait avec une pleine sécurité, qu'au pis aller, ses troupes occuperaient Hambourg comme ville neutre, pour la garantir du triste sort qui la menaçait. La nuit du 29 au 30 mai, et cette journée du 30 détrompèrent les malheureuses victimes aveuglées par leur patriotisme, et les livrèrent à leur plus cruel ennemi , qui a continué jusqu'à ce moment même de les tourmenter avec un acharnement dont on frémit. Les troupes russes sous les ordres du général de Tettenborn, et avec elles la légion anséatique, quittèrent la ville pendant la nuit. A la pointe du jour cette nouvelle et celle de l'occupation imminente de la ville par les Danois se répandirent dans tous les quartiers. Les gardes nationales , qui bivouaquaient encore à une demi-lieue de la ville , reçurent l'ordre de rentrer. Arrivés à la place ordinaire du rappel , un des officiers supérieurs leur fit lecture d'une sommation de leur chef , parti dans la nuit , pour qu'ils eussent à déposer leurs armes et à attendre avec résignation la marche des événemens. Déjà la plus grande partie des bourgeois avait obéi à cette sommation , quand tout d'un coup la nouvelle se répandit que les troupes françaises avaient débarqué sur des vaisseaux danois , et qu'elles occuperaient la ville avec les troupes danoises, en vertu d'une alliance conclue entre le Roi de Danemarck et Napoléon. Furieux de se voir trahis d'une manière aussi lâche , et frémissant de rage , une partie des bourgeois reprit les armes pour défendre jusqu'à l'extrémité leurs foyers et leurs familles. Mais bientôt le bruit du nombre redoutable des troupes qui s'avançaient, une terreur et une épouvante paniques désarmèrent ce noble courage. L'on vit les gardes, pleurant de douleur et de rage, briser leurs fusils, les jeter dans les canaux, et saisir leurs femmes et leurs enfans pour se sauver ensemble d'un ennemi qui leur était plus terrible que la misère à laquelle ils se dévouaient. Toutes les routes étaient couvertes de citoyens des premières classes, de vieillards, de femmes enceintes et d'enfans qui fuyaient sans savoir où aller, et qui s'étaient à peine donné le temps de sauver un peu d'argent pour traîner pendant quelque temps une vie languissante qui leur était à charge.

L'intérieur de la ville offrait un spectacle déchirant : des maisons désertes, des boutiques fermées, des pères de famille désespérés qui s'enfermoient dans les coins les plus reculés de leurs demeures, des femmes qui invoquaient la vengeance du ciel, en se tordant les mains et en s'arrachant les cheveux : un morne silence, celui du désespoir, régnait dans cette vaste enceinte ; il n'était interrompu que par des gémissemens, par des cris à demi étouffés et par les sanglots des malheureuses épouses qui tremblaient pour leurs maris.

La douleur des bourgeois redoubla, lorsqu'au lieu des trente-cinq bataillons annoncés on vit entrer à peine huit mille Français, exténués par la misère et les souffrances qu'ils avaient endurées pendant le siége dans des îles couvertes de marais qui infectent l'air de leurs exhalaisons pestilentielles.

Redoutant l'esprit du peuple et le courage qu'il avait montré en tant d'occasions, l'on fit bivouaquer la troupe pendant quelques jours sur les remparts. La nuit qui suivit leur entrée, lorsque tous les habitans cherchaient dans le sommeil l'oubli de leurs maux et de ceux qui les attendaient, *à minuit*, le général en chef les fit tous éveiller en sursaut pour célébrer par l'illumination de leurs maisons la rentrée de leurs libérateurs ! Quelques jours après, tous les habitans furent sommés, sous peine de mort, de délivrer leurs armes dans les vingt-quatre heures ; ce fut seulement après l'exécution de cet ordre que la troupe hasarda à se loger chez les bourgeois.

Depuis l'entrée des Russes les anciens remparts de Hambourg, que l'on avait jadis démolis, pour garantir cette ville de siéges et de bombardemens, avaient été rétablis ; des fortifications avaient été commencées et en partie achevées : le prince d'Eckmühl invita les habitans à travailler à ces fortifications, auxquelles il commença à faire donner plus de force et d'étendue. Quoiqu'il offrît à chaque ouvrier un franc par jour, il ne trouva pas, même dans cette triste époque, quatre cents individus qui purent se résoudre à gagner leur vie en travaillant aux remparts de la tyrannie. Mais à peine Hambourg, par un décret impérial, avait été déclaré place forte, le prince d'Eckmühl, rétabli dans sa place de gouverneur, sut trouver des moyens pour satisfaire à-la-fois à la volonté de son souverain et à sa vengeance. Il employa chaque jour sept à huit mille bourgeois de toutes les classes et de tous les âges au-dessous de soixante ans. Il ordonna expressément de choisir spécialement des hommes de qualité et les premiers négocians, auxquels il imputait d'avoir pris la plus grande part aux efforts patriotiques par lesquels la ville s'était signalée. On les enleva dès la pointe du jour de leurs maisons, et on les traîna, au milieu d'une nombreuse escorte, à leurs travaux d'esclavage : on amena même de force les habitans des campagnes à dix lieues à la ronde pour les faire travailler aux fortifications et au grand pont qui devait établir la communication des deux rives de l'Elbe, de Haarbourg à Hambourg. Les femmes mêmes ne furent pas exemptes des travaux publics : à côté de leurs maris, que les infirmités n'en dispensaient point, on les vit travailler la terre, mouillée de leurs larmes, et succomber enfin à des fatigues jusqu'alors inconnues ; souvent on les obligeait à ces travaux dans un temps où la pluie tombait à torrens. Des misérables, indignes d'appartenir à la nation française, et qui la souillaient par la plus atroce cruauté, maltraitaient à coups de bâtons de malheureux vieillards et de pauvres femmes évanouies : ils les accablaient des injures les plus basses, en les traitant comme les derniers des misérables. Le prince les fit même contraindre à verser journellement de l'eau sur les parapets, afin que cette eau étant prise par la gelée, l'ennemi ne pût franchir les remparts dans le cas d'un assaut ; et, au milieu de la mitraille des Russes, ils furent forcés de briser la glace sur l'Alster, pour les empêcher d'approcher. Ces tristes victimes, compagnes de malheurs et d'esclavage, souffraient en silence un sort qui émoussait insensiblement toutes les forces de leur corps et de leur ame.

Napoléon se laissa enfin déterminer, par cette générosité et cette clémence qui ont caractérisé tout son règne, à accorder un gracieux pardon à une ville qui avait osé se déclarer pour la puissance qui lui avait rendu sa liberté, et qui avait eu l'audace de ressaisir l'indépendance qu'on lui avait offerte. Par décret du 16 juillet, une amnistie fut accordée aux Hambourgeois ; les chefs des gardes nationales, et les hommes de lettres qui avaient employé leurs talens pour attaquer la tyrannie et défendre la liberté de leur patrie par leurs écrits, en furent exceptés. Admirons ce généreux pardon et l'indulgence de Napoléon, qui pour toute punition demandait une contribution de *quarante-huit millions de francs*, payables dans le délai d'un mois, à une ville qui avait jadis racheté ses marchandises anglaises et ses denrées coloniales à raison de quinze millions de francs, qui avait vu brûler ces mêmes marchandises, et qui avait encore été obligée de payer une énorme tarif sur les denrées coloniales qu'elle avait rachetées ; à une ville enfin dont toutes les ressources étaient depuis long-temps taries par la longue stagnation du commerce, et dont les habitans les plus riches s'étaient éloignés. Toutes les représentations furent infructueuses : on insista sur une demande aussi cruelle qu'insensée. Les difficultés éprouvées déjà par l'encaissement du premier terme de huit millions, démontrèrent l'impossibilité absolue de satisfaire entièrement à la volonté de Napoléon. Dès-lors commencèrent les émigrations des habitans de Hambourg : ceux même qui avaient encore les moyens de payer leur cotisation préféraient quitter la ville pendant la nuit pour se rendre à Altona, plutôt que de se dépouiller de leurs dernières ressources, ou de s'exposer à l'avidité des garnisaires et à la confiscation dont ils étaient menacés. Malgré toutes les précautions, les émigrans trouvèrent l'occasion de sauver leur mobilier et leurs effets précieux ; le reste de leur fortune fut confisqué et vendu à l'encan ; mais personne n'acheta les immeubles de ses compagnons de malheur. En peu de temps une grande partie des maisons furent désertes ; les propriétaires s'estimaient très-heureux de trouver quelque honnête homme des classes inférieure qui consentait à habiter la maison qu'eux-mêmes quittaient, car, sans cette mesure, les portes, les escaliers et les planchers étaient brûlés au bout de quelques jours, et les murs, dépouillés de leurs décorations, étaient affectés à des hôpitaux de galeux ou de vénériens, pour en dégoûter à jamais les propriétaires.

La grande quantité de bois de construction requise pour le grand pont, pour les fortifications, les casernes, les magasins et les hôpitaux fit bientôt manquer cet article. On eut recours à un expédient très-simple : on enleva les grands magasins de bois de toute espèce aux propriétaires, dont ils composaient le reste de la fortune. Cependant le gouverneur fit taxer tous ces bois; le montant fut payé en déduction de la cote-part de la contribution du propriétaire, et le reste en promesses. C'est ainsi que tous les marchands de bois et toute la classe nombreuse qui leur devait son existence, furent à jamais ruinés.

Au lieu d'employer cette dépouille de la propriété du particulier avec le plus grand ménagement, l'on y mit une profusion et une insouciance qui rendaient les pertes encore plus douloureuses, et qui empêchèrent même l'entière exécution des projets pour lesquels on s'était permis cette atteinte aux droits de propriété. Les bois qui embellissaient les environs de la ville suppléèrent à ce déficit.

On employa le même moyen pour se procurer le goudron, le fer, la poix et les autres matériaux nécessaires à la construction des ponts et des fortifications. On ne se bornait pas à enlever aux particuliers jusqu'à la quantité nécessaire pour ces travaux; on faisait des envois très-considérables des matériaux que l'on avait achetés à un prix si raisonnable.

Tout cela n'était que le prélude des scènes terribles qui attendaient la ville infortunée. Jusque-là on n'avait tourmenté et ruiné que des individus; les souffrances n'avaient encore pesé que sur quelques classes d'habitans: ils devaient bientôt tous partager les maux dont le prince avait résolu de les accabler sans exception. Et qu'avaient-elles fait, ces malheureuses victimes de leur patriotisme, pour mériter de pareils traitemens? Les habitans d'une ville commerçante avaient reçu à bras ouverts leurs libérateurs, qui leur rendaient leur unique ressource, leur commerce; ils avaient combattu pour la conservation de leur indépendance enfin recouvrée. Peut-être des Français qui auraient fourni d'aussi beaux exemples d'enthousiasme, de vertus civiques et de sacrifices, auraient-ils été célébrés et récompensés par le même gouverneur qui

punissait ainsi un peuple qui lui avait fidè-
lement obéi jusqu'au moment de sa délivrance, et qui avait protégé les autorités
contre les fureurs de la populace, à la veille
même de cette mémorable époque !

Le gouverneur fit ordonner à ceux qui
habitaient dans un rayon de 150 toises des
remparts, d'évacuer leurs maisons dans le
délai de 48 heures. Un tiers du faubourg
Hamburger-Berg, une grande partie des habitations devant les portes Dammthor et
Steinthor et de Barmbeck jusqu'aux barrières
de Lubeck et de Hammer-Baum furent
compris dans cette terrible mesure, qui
frappait spécialement les basses classes du
peuple, et les dévouait à toute la rigueur de
la saison et à la plus profonde misère. Peu
de temps après, le rayon fut encore étendu
de cent toises. Le désespoir des malheureux
chassés de leurs demeures qui faisaient toute
leur fortune, et réduits à la mendicité par la
perte de leur unique ressource, fut à son
comble : toutes réclamations étaient inter-
dites ; les matériaux des maisons de ceux qui
n'avaient pas obéi aux ordres du prince dans
le délai fixé, étaient confisqués et vendus aux
pauvres propriétaires, auxquels on enleva en-

core ce bois qu'ils avaient acheté aux portes de la ville, sous prétexte que c'était du bois volé. Une partie des malheureux qu'on avait chassés de leurs demeures, réussit à obtenir du gouverneur la permission de se réfugier dans les maisons désertes de la ville, où ils furent entassés sans distinction d'état, de qualité, de sexe et de famille. La charmante promenade située entre les villes de Hambourg et d'Altona, et composée d'arbres centenaires, ainsi que tous les environs qui avaient fait les délices des habitans et excité l'admiration des étrangers, furent dévastés et détruits en peu de jours. La plus grande partie du bois que cette destruction avait produit fut vendue à quelques individus qui, instruits par l'expérience, le portèrent à Altona, au lieu de le faire entrer dans la ville, qui avait un si urgent besoin de cet objet.

En même temps une proclamation du comte de Hogendorp ordonna aux habitans de se retirer dans l'intérieur de leurs maisons, au premier coup de canon ou au son de la générale, sous peine d'être fusillés par les patrouilles. Il défendit aussi, sous les peines les plus sévères, les rassemblemens de plus de trois personnes dans les rues : les femmes mêmes furent comprises dans cette défense, sous peine expresse d'être *publiquement fustigées ! !*

Les progrès des alliés excitèrent les justes craintes du gouverneur ; il crut devoir songer aux préparatifs les plus sérieux pour défendre la ville confiée à ses soins paternels. Ces préparatifs lui fournirent une occasion d'augmenter les vexations et de pousser à son plus haut degré la cruauté envers les habitans de la ville et de la campagne. Sous prétexte de priver l'ennemi de tout moyen de subsistance, toutes les denrées, tous les vivres furent enlevés des villages pour servir à l'approvisionnement de la ville. On ne se borna pas aux objets d'approvisionnement ; les villages furent mis au pillage : meubles, ustensiles, fenêtres, portes furent ou détruits ou enlevés pour être vendus à l'encan sur les places publiques de Hambourg. On n'employa pas même les précautions nécessaires à la conservation du bétail et des vivres qu'on amenait à la ville. Les douaniers, les marins et les gendarmes chargés du transport des bestiaux les laissaient manquer de nourriture. Ils en faisaient ainsi mourir une grande partie de faim et des cruels traitemens dont ils les assommaient. Les pauvres bêtes se traînant avec peine par les rues, et faisant retentir l'air des affreux hurlemens de la faim qui les dévorait, étaient étalées sur des places désertes, devant les portes de la ville, où celles qui conservaient encore un reste de vie attendaient, transies de froid et exténuées de faim, le boucher, pour devenir une nourriture malsaine et dégoûtante des malheureux habitans.

Le gouverneur et plusieurs de ses officiers firent leurs approvisionnemens avec une profusion révoltante, par son contraste, avec la profonde misère qui dévorait les pauvres habitans. Il est impossible de déterminer les provisions du prince d'Eckmühl ; mais il est constant que les mugissemens et les cris des bœufs, des moutons et de la volaille de toute espèce entassés dans le jardin de son palais, dérobent le sommeil aux habitans de toute la rue, et que l'on croit arriver près de l'arche de Noé en s'approchant de ce palais. Un colonel avait mis en réquisition sur l'île de Wilhelmsbourg cinquante-quatre porcs, dont quarante périrent dans l'Elbe, parce qu'on s'était amusé à les faire passer à la nage. Ce même colonel avait fait saler quatre bœufs entiers, et il avait fait provision d'une quantité de moutons, de volailles et de légumes qui aurait suffi aux besoins de plusieurs familles pendant quelques années. La même profusion s'étendait graduellement des officiers supérieurs jusqu'aux soldats du train, et c'est ainsi qu'on faisait doublement sentir leur misère aux tristes habitans, qui mouraient de faim, avec leurs femmes et leurs enfans.

Dans l'approvisionnement général on procéda de la manière la plus impardonnable : les blés et les farines étaient entassés dans des magasins humides, sans qu'on employât le moindre soin à leur conservation ; au bout de quelques semaines, une grande partie était gâtée et pourrie. Le bœuf était salé avec tant de maladresse et de négligence, qu'on se vit obligé, au bout de quinze jours, d'offrir la viande à deux sous par livre sans trouver d'acheteurs.

Dans les premiers jours de novembre les craintes des Hambourgeois se réalisèrent. Le gouverneur ordonna à tous les habitans de s'approvisionner, dans le courant du mois, des vivres et du combustible nécessaire jusqu'à la récolte prochaine, sous peine d'être déportés de la ville, si elle venait à être bloquée ou assiégée. Tout le monde était d'avance convaincu

vaincu de l'impossibilité de satisfaire à ces ordres ; l'on tâchait de deviner l'expédient que le gouverneur prendrait à l'échéance du terme : jamais on ne pouvait se résoudre à croire qu'il aurait réellement la barbarie de réaliser la menace de la déportation de la moitié des habitans.

Entre les 70 à 80,000 habitans au plus que Hambourg comptait encore, il n'y en avait pas 10,000 qui possédassent les moyens de s'approvisionner pour neuf, et pas 30,000 qui eussent ceux de s'approvisionner pour trois mois. Il en restait par conséquent entre 40 à 50,000 qui ne pouvaient pas s'approvisionner pour un mois, et beaucoup d'entr'eux qui ne se pouvaient pas même procurer leurs besoins pour un jour. Un grand nombre n'avait pu, depuis des années, à cause de la nudité et des maladies, quitter le coin où il traînait sa misérable existence.

Outre la misère si générale parmi toutes les classes des habitans, et les obstacles que les progrès rapides et l'approche des alliés opposaient à l'exécution des ordres du gouverneur, elle devint impossible par les expressions vagues et incertaines dans lesquelles était conçu l'ordre, qui n'indiquait pas même

D

aux habitans les objets d'approvisionnement ni leur quantité.

Une proclamation émanée du commandant vers la fin de novembre, réitéra les ordres du gouverneur avec plus de sévérité, sans cependant déterminer plus précisément les objets sur lesquels on avait des doutes. Elle ordonna aussi des visites, et fit défense d'entamer les provisions sans les ordres ou la permission expresse du prince d'Eckmühl. On envoya à tous les habitans des formules de déclaration de la quantité de leurs provisions. Ce ne furent que ces formules qui indiquèrent enfin les objets de l'approvisionnement et leur quantité, et qui purent servir de base pour juger l'exécution d'une mesure dont le terme s'était déjà écoulé.

Pendant que les habitans de Hambourg attendaient avec une impatience craintive la décision de leur sort, ils furent terrassés par un événement inouï parmi les nations civilisées : *l'enlèvement nocturne de la Banque*. A la pointe du jour, le bourgeois, toujours inquiet sur ce palladium de son commerce et sur cet unique dépôt du reste de sa fortune, vit toutes les rues aboutissant à la Banque occupées par des troupes : la Banque même était sous les

(51)

scellés. Comment peindre l'épouvante et le désespoir qui saisirent les Hambourgeois à la vue de cette atteinte à la propriété des particuliers et au droit des peuples? Napoléon avait formellement déclaré à plusieurs reprises : « *La Banque est un dépôt sacré, je la » protégerai toujours, et je saurai punir » quiconque osera y porter la main!* » Et cependant son représentant, le ministre de ses volontés, osa enlever ce dépôt sacré de la fortune des négocians de toutes les nations, du denier de la veuve et de l'orphelin.

Toutes les représentations de la chambre de commerce, les larmes et le désespoir des infortunés que l'enlèvement de leur dernière ressource plongeait dans la plus affreuse misère, furent vains. Peu de jours après l'on vit circuler les piastres d'Espagne et les autres monnaies, renfermées auparavant à la Banque : les lingots d'argent avaient, dans le silence des nuits, été transportés dans un dépôt secret. Dès ce moment où les Hambourgeois eurent vu s'exécuter cet attentat, leur sort fut accompli ; ce fut le dernier coup qui acheva leur ruine ; car, avec la destruction de l'organe de toutes les opérations et de tous les payemens, leur dernière ressource était épuisée. La Banque ayant contenu les restes de la fortune de tous les négocians de Hambourg, qui ne conservaient ordinairement chez eux que très-peu de numéraire pour leurs dépenses journalières, et qui se servaient de cette respectable institution comme de leur caisse de payemens et de recouvremens, ils se virent tous à-la-fois réduits à la mendicité, et les veuves et les orphelins au désespoir.

Les démolitions furent de jour en jour plus étendues ; indépendamment de celles dont il a été parlé plus haut, le faubourg de Hamm, qui contenait la plus grande partie des maisons de campagne des premiers habitans de Hambourg, et toutes les habitations qui se trouvaient attenantes au rayon fixé, furent brûlées, sans qu'on eût même averti les malheureux habitans, auxquels on ne laissa pas le temps de sauver leurs effets. Avant d'y mettre le feu, on pillait les habitations et les maisons de campagne; tout fut détruit ou entassé dans des endroits publics pour être vendu à l'enchère. Bientôt même l'intérieur de la ville ne fut plus épargné ; on ordonna l'évacuation, dans les quarante-huit heures, de toutes les maisons attenantes au rempart de la porte d'Altona, jusqu'à la porte Wasserthor, et leur démolition fut commencée encore avant l'échéance de ce délai.

Le superbe édifice de la Bœrsenhalle (halle de la Bourse), un des plus beaux établissemens de l'Europe, fut changé en magasin; des rues entières devinrent des hôpitaux et des casernes; les loges des francs-maçons même furent condamnées à devenir des hôpitaux, pendant qu'il y avait un grand nombre de lieux propres à cette destination. Trois petites églises avaient déjà été transformées en écuries; trois paroisses éprouvèrent le même sort. Pour empêcher les pasteurs de consoler leurs ouailles par l'espérance d'un avenir plus heureux, et pour leur ravir aussi le dernier soulagement de leurs maux, les douces consolations de la religion, on destina ces églises à des chevaux qui n'existaient point, car une grande partie des anciennes écuries étaient vides. Lorsqu'on représentait au gouverneur, qu'outre tant d'autres emplacemens il y avait encore deux théâtres, qui pourraient, au lieu des églises, être employés à des écuries, il répondit qu'il fallait amuser le peuple et diriger l'esprit public par les spectacles, et que les pasteurs faisaient trop sentir à leurs paroissiens, par

leurs exhortations à la patience et à la résignation, les maux qui les accablaient.

Les cimetières, aux portes de la ville, om-
bragés de peupliers, de tilleuls et d'arbustes
de tout genre, et ornés des plus beaux monumens, furent entièrement dévastés; on fouilla
les tombeaux, pour ne pas laisser les morts
même jouir du repos dont on privait les
vivans.

Chaque jour fut le témoin d'une nouvelle
vexation ou d'un nouvel outrage, inventés
par la haine infatigable du gouverneur. Pour
irriter au plus haut degré les commerçans,
par l'outrage le plus sensible, on les chassa
un jour de la Bourse, à l'heure de leur
réunion, à coups de crosse et de baïonnette,
sans les avoir seulement avertis qu'on était
déterminé à changer en écurie ce lieu res-
pecté par toutes les nations.

Les rigueurs d'un hiver semblable à ceux
de la Russie, ayant presque épuisé les provisions de bois, et celles de la tourbe que l'on
payait déjà un sou la pièce, forçaient à
songer à prendre des mesures pour subvenir
à un besoin si pressant. Rien de plus facile;
on se servit d'un moyen déjà connu; on
acheta à crédit, et au prix du bois de chauf-

fage, les bois de menuiserie et de construction qui se trouvaient encore dans les magasins des particuliers, parce qu'on devait manquer de fonds, après avoir enlevé la Banque.

Enfin, le 19 décembre, jour attendu avec anxiété, était arrivé. Le gouverneur, attendu l'échéance du terme d'approvisionnement et l'approche de l'ennemi qui prêchait la révolte, ordonna, par une proclamation, la clôture des portes et des barrières ; il défendit, sous peine de mort, toute communication avec l'ennemi ; il ordonna à tous les étrangers, c'est-à-dire à tous ceux qui n'étaient pas natifs de Hambourg, non mariés, aux garçons ouvriers, étudians, commis, garçons de boutique, vagabonds et mendians, de quitter la ville dans les vingt-quatre heures ; à tous les habitans qui n'avaient pas achevé leur approvisionnement, de sortir dans les quarante-huit heures, en leur annonçant qu'à cet effet les portes seraient ouvertes les 20 et 21, depuis dix heures du matin jusqu'à deux heures de l'après-midi. Le gouverneur ordonna en même temps des visites pour vérifier l'exécution de ces ordres : tout individu en contravention devait être déporté par la force armée , et ceux qui tenteraient de rentrer seraient regardés et punis comme coupables d'espionnage. On permit à ceux qui emigraient spontanément de confier leurs effets à un mandataire, moyennant une déclaration faite auprès de l'autorité compétente; ceux qui étaient déportés de force étaient privés de cet avantage, et ne pouvaient pas emporter avec eux le moindre de leurs effets.

Pour maintenir l'exécution de ce décret barbare, dont le terme fut prolongé jusqu'au 22, et enfin jusqu'au 30 décembre, on fit circuler de nombreuses patrouilles : précaution inutile! Peu de personnes sacrifièrent leurs derniers effets pour achever leurs approvisionnemens en profitant de la prolongation du terme : tous les autres, dévoués au bannissement, saisirent avec satisfaction cette occasion d'échapper à leurs tourmens; ils préféraient la misère et la mendicité même à la vie dans une ville où chaque jour amenait de nouvelles souffrances, et à la perspective d'un siége et d'un bombardement, avce les maladies épidémiques et les eutres funestes suites qui les accompagnent toujours.

Le 20 décembre, les étrangers commencèrent à émigrer en foule; ceux qui n'obéirent pas de gré aux ordres du gouverneur furent enlevés de leurs comptoirs, des boutiques, des maisons et des caves, pour être transportés par des cuirassiers hors des portes, sans qu'on leur laissât seulement le temps d'emporter le moindre de leurs effets. Les habitans mariés, les bourgeois natifs de la ville, et ceux qui se croyaient suffisamment approvisionnés, pleuraient le malheureux sort de ces jeunes gens qu'on expulsait d'une manière si cruelle de leurs foyers, pour les exposer sans ressources à l'indigence et aux rigueurs de l'hiver; ils ne s'attendaient point à éprouver bientôt un pareil sort, et à avoir eux-mêmes à pleurer.

Pour célébrer dignement la fête de Noël, le gouverneur menaça de la peine de *vingt-cinq coups de bâton* ceux des habitans qui, n'étant point entièrement approvisionnés, ne feraient pas tous leurs efforts pour obéir aux ordres déjà donnés, et de la peine du double et de la déportation par la force armée ceux qui, après avoir subi la première peine, n'auraient pas obéi. Pour porter à leur comble ces actes arbitraires, on s'était permis encore, avant le terme du délai, d'enlever sans distinction d'âge ni de sexe, de leur lit pendant la nuit, des personnes de toutes les classes, et de les transporter hors de la ville, sans leur permettre d'emporter que leurs vêtemens ; et pour quelles raisons ? En fallait-il à la haine et à la vengeance ? Ordinairement ceux que l'on déportait de cette manière étaient des gens riches ou aisés, souvent ceux qui avaient le plus scrupuleusement rempli les ordres d'approvisionnement.

Le 25 décembre, on commença les visites générales, dont fut chargé un officier assisté d'un employé. Le malheureux habitant leur montra en tremblant ses provisions. Livrés à une estimation arbitraire, la plupart étaient sûrs de voir déclarer leurs provisions insuffisantes, et de n'éviter la peine ignominieuse dont ils étaient menacés que par la déclaration de vouloir émigrer. C'est ainsi que les magasins furent enrichis de la dépouille des malheureux qui avaient sacrifié leurs dernières ressources pour se procurer des provisions. La désolation et le désespoir étaient répandus par-tout ; on ne parlait plus de ses malheurs ; on ne se plaignait plus d'une séparation douloureuse ; les infortunés qui restaient enviaient le sort des malheureux qui les quittaient. Un regard égaré, des yeux baignés de pleurs, voilà tout l'adieu. Des larmes, c'était tout ce que le fils avait à donner au père, le père au fils, l'époux à la compagne de ses malheurs ; c'était le seul bien qu'on avait laissé aux Hambourgeois, un bien qu'ils devaient encore cacher à ceux qui les tourmentaient.

Où trouver des couleurs assez vives pour tracer le tableau de cinquante mille hommes exilés de leurs foyers au milieu d'un hiver rigoureux, sans argent, sans pain, et la plupart vêtus de haillons qui couvraient à peine leur nudité, transis de froid, hurlant de faim et maudissant ceux qui les dévouaient à la misère et à toutes les horreurs d'une mort lente et terrible. Voyez ce vieillard, les cheveux blanchis par l'âge et les soucis, les pieds nus, l'œil cave et éteint, soutenir son épouse prête à succomber à ses souffrances ; regardez cette mère, qui n'a plus de larmes ; l'œil desséché et hagard, elle demande au ciel la nourriture dont la source manque à son sein, qui ne fournit que du sang au fils mourant ; les accens plaintifs de cet infortuné se mêlent aux cris des enfans qui embrassent les genoux de leur mère désespérée pour lui demander du pain. Vous les auriez vus expirer par centaines dans le Danemarck, sur les routes couvertes d'une neige profonde, le jeune homme à la fleur de son âge, à côté de son vieux père qui a plutôt succombé ; de pauvres enfans mourant de froid et de faim ; leurs petites mains jointes et glacées semblaient implorer la vengeance du ciel, et lui redemander leurs pères et leurs mères, que la douleur et le désespoir avaient déjà emportés. Voyez cette pauvre femme courbée par l'âge, qui depuis plusieurs années n'avait pas quitté sa petite cabane : rampante à terre, elle est obligée de se soutenir sur chaque borne; bientôt épuisée, elle se repose un moment sur une pierre froide ; un barbare, qui déshonore le nom français, l'éveille par un coup de crosse et la force à continuer sa route ; à la fin elle succombe, elle expire, caressée par un vieux chien, le seul être sur la terre qui en a pitié, pendant que le monstre s'éloigne en riant. Arrivés aux avant-postes, les malheureux exilés étaient fréquemment pillés ; on leur enlevait le peu d'effets que l'avidité leur avait laissés en sortant de la ville.

Beaucoup de bourgeois avaient choisi l'expédient que le gouverneur leur avait offert pour rester : ils s'étaient engagés à travailler aux fortifications; leur sort était encore plus terrible que celui de leurs compatriotes qui avaient choisi l'émigration. Forcés de rester enchaînés à des travaux serviles, ils virent déporter leurs enfans et leurs épouses, lors même qu'elles étaient enceintes : séparation plus douloureuse que la mort ! On vit de ces malheureuses victimes accoucher au milieu des forêts, et la mère périr avec l'enfant sur un lit de neige qui leur servait de tombeau !

Mais détournons nos regards d'un tableau qui, quoique faiblement esquissé, fait frissonner d'horreur. Ne parlons pas de toutes les maisons du Hamburgerberg et de tous les environs que l'on avait épargnées jusqu'alors, et que le prince fit brûler sans laisser le temps aux habitans de sauver leurs effets ; taisons-nous sur les fusillades, sur l'imposition arbitraire et illégale de huit pour cent sur toutes les marchandises, après l'enlèvement de la Banque, et sur tant d'autres actions du prince d'Eckmühl, du comte de Hogendorp, et du sieur d'Aubignosc ; les traits qui composent le tableau de leur conduite sont trop odieux pour leur donner plus de développement.

Les malheureux émigrés hambourgeois ont été soulagés par les dispositions bienfaisantes du prince-royal de Suède, qui leur a assigné pour asile les villes de Brême, d'Oldeslohe et

de Lubeck, et des sommes considérables, pré-
levées sur les contributions payées par le Hols-
tein, pour subvenir à leurs besoins les plus ur-
gens. Depuis leur émigration, les souffrances
de ceux qui sont restés enfermés dans la ville
ont augmenté à un degré dont on n'avait pas
même eu l'idée. Toute la ville n'est devenue
qu'un vaste hôpital, où les maladies épidémiques moissonnent chaque jour une foule de
victimes. La famine a forcé les habitans de se
jeter avec acharnement sur les cadavres des
chevaux et des bestiaux, pour s'empoisonner
d'une nourriture malsaine, qui les dévoue à
une mort subite.

Depuis que l'Europe est délivrée de son
fléau, la France régénérée commence à jouir
du repos et des bienfaits émanés de son roi
légitime, revenu dans sa capitale ; tous les
peuples de la terre célèbrent à l'envi le
bonheur rendu aux Français, et l'espoir d'une
paix prochaine qui les réunira tous en une
grande famille. Cependant la ville qui la première a donné à l'Allemagne l'exemple de
sacrifices patriotiques, cette ville qui est devenue la plus malheureuse victime de son
énergie et d'une guerre terrible, souffre encore
sous le gouvernement du prince d'Eckmühl
et de ses suppôts.

Ce prince s'est refusé à toutes les nouvelles du changement arrivé dans sa patrie et dans toute l'Europe : affectant une incrédulité qui doit servir de prétexte à la continuation de son empire; il a traité de mensonges l'abdication de son monarque, la création d'un gouvernement provisoire, et l'avènement de Louis XVIII au trône de ses pères. Peut-on pousser l'obstination plus loin, que de se refuser à ouvrir même les paquets que lui envoie son gouvernement, et de ne pas vouloir rendre la ville, en déclarant que son empereur ne lui ferait pas parvenir ses volontés par des officiers russes ? Comment aurait-il donc voulu les recevoir, pendant que la ville est étroitement cernée par les Russes ?

Le maréchal Davoust se verra enfin forcé à sortir d'une ville si long-temps malheureuse, et à la délivrer de son empire. Mais jouira-t-il des bienfaits de la régénération de la France, et se reposera-t-il, comme les autres maréchaux, sur les lauriers qu'ils ont cueillis ? Aura-t-il impunément violé, par une suite d'actions arbitraires, tous les droits de l'humanité, des individus et des nations, enlevé la Banque, la propriété commune de toutes les nations commerçantes, fait périr des milliers d'innocentes victimes qui ont succombé à la plus affreuse misère, enfin dévasté, brûlé, ruiné à jamais la première ville commerçante de l'Allemagne et une des premières de la terre ? Aura-t-il fait fusiller et mourir dans les fers une partie de ses habitans, sans en rendre compte et sans subir le jugement que les frères fugitifs de ces malheureux, que l'Allemagne et les autres nations, que la terre et le ciel demandent à la France et à l'auguste roi qui la gouverne ? Mais non, la justice a toujours été la première vertu des rois de France ; Louis XVIII saura faire examiner avec la plus rigoureuse impartialité la conduite du prince d'Eckmühl, du comte de Hogendorp et du sieur d'Aubignosc. Des juges aussi justes que sévères jugeront leurs actions; ils sauront satisfaire, en punissant les coupables, à la vindicte publique et aux réclamations d'une ville si long-temps et si indignement déchirée et entièrement détruite.

F I N.

www.ingramcontent.com/pod-product-compliance
Ingram Content Group UK Ltd.
Pitfield, Milton Keynes, MK11 3LW, UK
UKHW022313120726
13694UKWH00004B/1417